HEYNE
LYRIK

RAYMOND QUENEAU
TASCHEN-KOSMOGONIE

Titel der Originalausgabe:
Petite cosmogonie portative
Deutsche Übertragung von Ludwig Harig

Wilhelm Heyne Verlag München

HEYNE LYRIK NR. 5

Herausgeber der Reihe »Heyne Lyrik«:
Manfred Kluge, München

Genehmigte, ungekürzte Taschenbuchausgabe

Umschlaggestaltung und Innenausstattung:
Christian Diener, München
Printed in Germany 1978
Gesamtherstellung: Friedrich Pustet, Regensburg

ISBN 3-453-85005-X

EINLEITUNG
IN QUENEAUS KLEINE TRAGBARE KOSMOGONIE
VON MAX BENSE

Ein lächelnder Kafka, der längst im Schloß sitzt und in den Kosmos vorgelassen werden will.
Die Verse als Geländer.
Ein Herr der Dinge, dem die Rechnungen der Erkenntnis vorgelegt wurden, die er nun in Alexandrinern begleicht.
Jeder kluge Kopf verbindet eine Vorliebe mit anderen. Raymond Queneau verbindet seine Vorliebe für Zahlen mit der Vorliebe für Wörter, die Vorliebe für Arithmetik mit der Vorliebe für Poesie.
Das Buch der Natur, das Galilei in den Lettern der Mathematik geschrieben fand, wird zurückübersetzt.
Omnis mundi creatura quasi liber et pictura nobis est et speculum.
140 Seiten mit je 12 Zeilen mit je 7 Wörtern (im Mittel), das ergibt 11 760 Wörter im ganzen.
Also tragbar. Das heißt handlich, brauchbar, aufklappbar, erlernbar, verpackt, ausgewählt, Taschenkosmogonie.
Ein Repetitorium, ein Who's Who, was Ernst Robert Curtius schon von Ovids *Metamorphosen* sagte.
Liebe ist analoges Verhalten und digitale Aggression.
Raymond Queneau liebt den Kosmos – wie man die Vielheit der Dinge liebt.
Die diffuse Form der Polygamität.
Hegels Definition der »Kosmogonie« in der *Ästhetik*

wurde angemessen eingehalten: »In den Kosmogonien ... ist es das Werden der Dinge, vor allem der Natur, das Drängen und Kämpfen der in ihr waltenden Tätigkeiten, was den Inhalt abgibt und die dichtende Phantasie dahin führt, nun konkreter schon und reichhaltiger ein Geschehen in Form von Taten und Begebnissen darzustellen, indem sich die Einbildungskraft die zu unterschiedenen Kreisen und Gebilden sich herausarbeitenden Naturgewalten unbestimmter oder fester personifiziert und symbolisierend in die Form menschlicher Ereignisse und Handlungen kleidet ...«
Offenbar gehört es zum Wesen einer Taschenkosmogonie, eine Lust am Gedränge zum Ausdruck zu bringen. Das Gewimmel als Struktur des epischen Weltzustandes.

In diesem Punkt gibt es eine gewisse Beziehung zwischen Raymond Queneau und Denis Diderot: die enzyklopädische Gesinnung als Voraussetzung des ästhetischen Interesses.

In der Einleitung zur *Enzyklopädie* entwirft Denis Diderot die Vision eines menschenleeren Kosmos: »Vor allem darf man nicht aus dem Auge verlieren, daß dann, wenn der Mensch oder das denkende und betrachtende Wesen von der Oberfläche der Erde verbannt wird, das pathetische und sublime Schauspiel der Natur nur eine traurige und stumme Szene ist. Das Universum schweigt, die Nacht und die Stille bemächtigen sich seiner, alles verändert sich in eine leere Einsamkeit, in der die unbeobachteten Phänomene auf eine dunkle und taube Art leben. Die Gegenwart des Menschen macht die Existenz der anderen Wesen interessant.«

Raymond Queneau hat in einer noch kleineren *cosmogonie portative* diese Vision des menschenleeren Kosmos aufgenommen:

Taub ist die Nacht der Schatten der Nebel
Taub ist der Baum taub der Kieselstein
Taub ist der Hammer auf dem Amboß
Taub ist das Meer taub die Eule

Blind die Nacht und der Stein
Blind das Gras und die Dornen
Blind ist der Maulwurf unter der Erde
Blind ein Kern in der Frucht

Stumm die Nacht und das Elend
Stumm sind die Lieder und die Prärie
Stumm ist die Klarheit der Luft
Stumm der Wald der See der Schrei

Krank ist die ganze Natur
Krank sind Tiere und Felsen
Krank ist die Karikatur
Krank der Idiot der tobt
Aber wer sieht? wer hört? wer spricht?

Queneau sieht, hört und spricht. Er breitet seine Subjektivität, ohne sie zu nennen, im Kosmos aus. Keine Weisheit Gottes, aber die enzyklopädische Urteilskraft Queneaus.

Bezeichnen, beschreiben, beurteilen: die wohlgeordnete Versifikation ermöglicht den wohlgeordneten Kosmos.

Die Zunahme der urteilenden Poesie im Verhältnis zur unterhaltenden bezeichnet den Schritt aus der emotionalen in die intelligible, aus der bourgeoisen in die prospektive Zone des Geistes und charakterisiert seine cartesianische Verfassung, vergleiche Paul Valéry, Henri Michaux und Francis Ponge.

Wenn das Wort Kieselstein vorkommt, kommt ge-

wöhnlich auch das Wort Universum vor. Bei Diderot, bei Valéry, bei Ponge, bei Queneau.
Jeder Kieselstein ist eine Taschenkosmogonie. Ein tragbares All. Francis Ponge sprach vom Reichtum an Sätzen, die im geringsten Gegenstand enthalten seien. Diese Sätze zu entdecken und aufzuschreiben ist eine Frage der Phantasie, und die Phantasie ist eine Frage des Weltgenusses. Nur wer Sinn für Genuß hat, hat die Fähigkeit zur Phantasie.
Das Wort »Kieselstein« bietet immer die Möglichkeit, einen Text entstehen zu lassen, der eine »Kosmogonie« ist.
Man täusche sich also nicht: Queneau spricht nicht als Naturforscher, er spricht als Linguist. Es ist zwar immer von Dingen die Rede, aber nur insofern sie Wörter sind.
Es gibt Urworte und Spätworte, Wortatome und Wortmoleküle, Wortreste, Wortfassaden, Worthäuser, Wortbrunnen, Wortspalten, Kofferworte, Wortverstecke, Wortspiele, Wortarchitekturen, Wortschichten, Wortgebirge, unermeßliche Terminologien, die man nicht übersteigt . . . Ringelwürmerstich, Wasserschnakenfieber, Myrmécophilistiques.
Zuweilen stößt man auf Partien, wo das Gedränge der Wörter die Stimmung eines Quartiers erzeugt, das man nur ungern verläßt. Doch verbindet sich an jeder Stelle der Kosmogonie der Provinzialismus mit dem Witz, so daß alles spirituell und erträglich bleibt.
Die Zonen der Frivolität verraten jene »Bescheidenheit der Wollust«, von der Nietzsche sprach, als er Epikur beschrieb . . . der Fuß eines Wesens abgedrückt im Sand als Index möglicher Begierde oder eines Erschreckens.
Raymond Queneau gehört dem Collegium Pataphysicum in Paris an. Das ist eine literarisch-philosophische Schule, deren Grundlage die Pataphysik ist, eine Wis-

scnschaft, deren Theoreme die Ausnahmen bestimmen, also des Besonderen – somit eine Wissenschaft der ausgesprochen ästhetischen Methode; denn das Originale, das in der künstlerischen Tätigkeit realisiert wird, ist in jedem Falle ein Besonderes. Queneaus *Kosmogonie* geht ästhetisch vor, sofern sie dem, was sie erschaffen sein läßt, eine Art nochmaliger Orginalität verleiht, und sie geht pataphysisch vor, sofern sie dem, was da ist und durch die Wissenschaft in den Zustand des Gewußten oder wenigstens des Wißbaren versetzt wurde, den Glanz oder Abglanz eines Besonderen verleiht. Am Ende staunt man tatsächlich nicht mehr über die Wörter, die gefunden wurden, sondern über die Dinge, die durch die Wörter genannt werden.
Genau darin ist die *Kosmogonie* Raymond Queneaus, wie der Pataphysiker sagt »unschuldig an jeder Botschaft«.
In jeder »Kosmogonie« tritt schließlich ein gewisser Stillstand des Werdens ein, das Maximum der Entropie, die letzte Zeile, der Wärmetod der Poesie. Die *cosmogonie portative* endet mit dem Auftreten der »Rechensaurier«, also den programmgesteuerten, datenverarbeitenden Rechenanlagen, der Turingmaschine, den »abstrakten Automaten«, um es theoriegemäß auszudrücken, dem technischen »Leerlauf«, wie Queneaus pascalscher Hintergedanke ist (man soll immer einen Gedanken im Hintergrund haben).
Der Leerlauf der Maschine, die künstliche Poesie, die übrigbleibt, wird offenbar durch das redundante Stottern im poetischen Bewußtsein Getrude Steins nachgeahmt »der Zweigefußte der trotz allem zählt und spricht der zählt und spricht und pflegt der pflegt und spricht und zählt der zählt und zählt und zählt der zählt und zählt und zählt der pflegt und pflegt und pflegt der pflegt und pflegt und pflegt der spricht und spricht und spricht der Rechensaurier der spricht . . .«

Das ist analoge, nicht digitale Redeweise; mehr Paternoster als Information. Es wird ausgiebig imitierend, nicht nur symbolisierend vorgegangen; mehr beschwörend als mitteilend, mehr realisierend als kodierend. Aber damit verläßt der Dichter am Ende einer »Kosmogonie«, die erstaunlicherweise auch die abstrakten Automaten einbezieht, den Zivilisationsstil der Sprache. Denn in jeder Zivilisation, in der das Leben eine Frage der Kommunikation ist, vertraut sich die Sprache mehr und mehr den digitalen Kodierungen der Nachrichtentechnik an. Queneau schließt also sprachlich widerspruchsvoll, und das ist eine echte dialektische Überraschung.

Dialektik erzeugt offenbar nicht nur eine progressive, sondern auch eine regressive Stimmung. Der epische Weltzustand, den diese *cosmogonie portative* ausbreitet, scheint auch ein ironischer zu sein, und jeder alte Dialektiker kostet gern dieses Gefühl aus, auch Raymond Queneau.

ERSTER GESANG

Die Erde zeigt sich bleich und teigig sie schreit auf
sie destilliert den Grus der in der Röhre gluckst
worin der Rindenwuchs der Nacht sich eingesaugt
Mikrobentropfen in den tauben Schacht getaucht
die Erde zeigt sich bleich und teigig saugt sich voll
des bittren Fiebers der verpufften Urgewitter
Ein Schweigen stellt sich ein   Die Wolken sind gebraten
gleichwie das doofe Blei nichtsnutziger Soldaten
Ein Efeu und ein Krapp die Blumenkindereien
erfüllen auf der Erd' das Joch der reifen Zeiten
Dazu die Pockenlymph' dazu die Wolkenherde
der Einstich den ein Blitz getan ins Bein der Erde
Geruch des Äthers bei der Geoopration
das Himmelsschweigen das über Gebirge trieft
und das Gemölk des Bergs Lava und Archipel
die Erde renkt sich wie beschränkt und zwängt und drängt
und faltet sich wie ein gedörrter Mumienarsch
und straft die Jugend mit den Blutgeschwüren Lügen
o Jugend Erde du die zwischen beiden Schweifen
von blöd zu nennenden Kometen sich ergeht
Stammbäume Büstenschwarz doch der Komet ist blöd
Stammbäume Tafelschwarz man weiß nicht ist er blöd
der neunzehnhundertzwölf gezeitigte Komet

Stammbäume Zirkelschwarz und Schwarz von
Strebepfählen
o Jugend diese Erd' die sich zusammenzieht
o Jugend exaltiert in reifer Plackerei
die Bäume auf der Erd' die bleich ist und die schreit
sie legten Eier ab und Störche in den Schluchten
Maikäfer Skarabän stoßweis wie Orgelpfeifen
die Bäume quetschten blau die aufgeborstnen Spalten
von rascher Niederkunft will sagen vivipar
ein Zug der blökte weist sich aus als Urgetier
die Barken weisen sich als Infusorien aus
das Leben immerdar und mancher
Hoffnungsschimmer
der Kern der sich geschlitzt gespalten wie ein Arsch
fälscht eine andre Nuß in der die Faserfäden
als Nichts die schlummernde Wahrscheinlichkeit
bedrängen
Kornelkirschzwiebelhaut und Elfenbeinkokillen
die Räder tanzen im Palaste der Spirillen
im Kochtopf sieden sie die Algen und die Pilze
das ist des Schwefels Schwell' und der Verfall des
Broms
ein Gramm Silizium verdirbt den Eiweißstoff
die Chlor- und Kalziumoxyde laben sich
an Viren viel zu dick es wurden Löffel voll
Verbindungen die sich schon bilden ausgeleert
Ein Bruchstein geht hinweg Mond sei gegrüßt o
Jugend
o Jugend Jugend o gerissen aus dem Montag
die Aun des Pazifiks vernehmen die Gezeiten
Mond sei gegrüßt o Mond mondförmig sind die
Weiten
ein Loch ist in der Erd' darin die schwarzen Wasser
Mond sei gegrüßt o Mond du Klatschmaul der
Historchen
die Wesen die die Flucht der Ungetüme suchten

sie drangen in die Wund' und lebten unbekannt
du Kiesel flogst davon gemartert von Legenden
du Lampenantlitz und du bleiches Käsgesicht
du König gelb und weiß Vereinigung der Nacht
der Tag neigt seinen Rock und demonstriert den Arsch
das zärtliche Gestirn schmückt seinen schwarzen Slip
schwarz ist der Tag die Nacht der Baum und das Atom
o klare Zeit des Tags o klare Zeit der Nacht
Gestank hoch überm Arsch Gestank hoch über Monden
daß alle Lava sich die Schwammigkeit erküre
das Meer in Regen sich verwandle und daß dann
ein Regenguß das Meer hoch über Berge führe
die Erde kam zurück mit diesem bleichen Schnitt
die schlaffe Nase zog als Satelliten mit
den schweren Kraterring der jeden Raum erstarrt
die Liebespusteln die den unbefangnen Männchen
der ersten Arten schon die Schwänz' in Stücke brachen
die Erde faltete das Sediment der Hintern
trieb Knospen seufzte und sie keuchte und sie schnaufte
sie knospte flennte und sie schnaufte und sie keuchte
sie keimte keuchte und sie schnaufte und sie brummte
trieb Wurzeln schnaufte und sie keuchte und sie grunzte
trieb Bläschen blähte sich zog Eiter noch und noch
Vulkane aus dem Arsch und Larven aus dem Loch
die Erde schiß sich den hymenodermen Raum
empfand sich jugendlich in dieser Massigkeit
und über den vier Tricks burleske Explosion
armseliges Atom gigantisches Atom
armselig ganz und gar vollständig romanesk
die Welt war nicht so alt wie die Berechnungsspuren
die Erde nicht so feil wie irgendwelche Huren
die Erde war sehr keusch und auch in Wallung sehr
und irgendein Gestirn es neigt mit Geifer her

sich über das Geschick der Menschen und der
Hummer
indes der Honig in die silberklare Kimme
gebläuter Muscheln fließt die ein Diogenes
mit Namen schlau verschränkt von Zeit zu Zeit
bedenkt
als Bernhard Eremit und Krabbe ganz für sich
indes am Rande der Salpeter sich entfernt
vom Quell der Sonne die viel vager Zeugnis gibt
als alle die präzis gebreiteten Entwürfe
o Jugend Jugend du o nebulöse Jugend
in deinen Breiten hat die Erde dich berechnet
die Bodenmuskulatur sie furchte sich geschickt
dem wilden Teile nach in unbedingter Fahrt
von einem Mannskalkül im Augenblick erspart
Die Zahlen ehemals die Haken für die Null
sie schmorten im Atom unendlich mannigfalt
sie waren zeitlos nackt und waren zeitlos dumm
doch ihre Rechnung stimmt hier sind sie nun sie reiten
verwegen auf der Explosion o Jugend Jugend
welch schöne Furche war der Stift im Hinterbacken
ein zäher Nebelfleck beim Auseinanderplatzen
aus einem derben Punkt der Weltlust spritzten sie
noch ungewaschen ganz und auch noch gänzlich Kind
die Zahlen schrien wild in ihrer Einsamkeit
nun sind sie Sieger und sie reiten auf der Weite
des löchrigen Geschwürs des Keimes der da quillt
der ausgerenkten Krust' des magistralen Feuers
der ausgestunknen Beul' des vertikalen Korns
nun sind sie Deppen und sie haben ihr Vergnügen
als Balkenstützen sich in Additionen einzufügen
sich doof zurückzuziehn in ihren Subtraktionen
reproduzieren sich in Multiplikationen
und einzustürzen ganz in jeder Division
und zu vergrößern sich geschwind im Exponieren
in simplen Logarithmen auf und ab zu laufen

und sich zu freuen an den Algorithmenhaufen
o Jugend Jugend als die Zwei von Eins gekitzelt wurde
nicht wissend daß sein Schwanz das Drittel extrahierte
und als die Algebra in Zeichenspielen irrte
als frei von Alkohol im fettigen Atom
die Gleichungen zur Ruh' sich in der Leber legten
als die amorphe Vier das kleine Samentier
sich fügen wollt' der Ei-Arithmoide bei
und als der Eiterwahn noch nicht im Dünkel klopfte
und als er auch nicht von der Neunerprobe tropfte
o Jugend o an diesem Tisch also
an dem das Nichts verschlang den Möglichkeitenbrei
der zeitig eingemacht in einem Einerlei
taucht das Gesetz herauf das unteilbar und scharf
und in die Unbestimmbarkeit Seinslöcher warf
Du kleiner Aderbaum du kleine blaue Muschel
wer weiß von wo du kommst   Die Sterne galoppieren
Das zwischen Welt und Welt an einem Strand sich stellt
und wie im Gallupamt man seine Stimmen zählt
ein kleiner grüner Bus ein kleines buntes Rot
ein kleines Indigo ein kleines Grünorange
ein kleines Zahnrad und ein kleines Felgenbein
ein Spektrum aus Azur und aus Granit ein Fels
ein kleines Wetterchen 'ne kleine milde Zeit
ein Flecken außerhalb der Zeit hat ausgereicht
aus der infamen Uhr die Stunde auszuklinken
in die der listge Raum sich eitel inskribiert
Die Erde formte sich   Die quecken Nebelflecken
sie wiederholen sich mit listenreichem Raum
damit die Erd' ihr Nest sich bau in dem der Baum
die Adermuschel und der rote Autobus
und jeder bunte Wurm und alle Felgenräder
und die gezähnten Bein' und aus Granit die Felsen
hier ihre Löcher bohrn um darin zu zerschmelzen
o Jugend Jugend o o Sonne mit dem Schleier

vom Zwang des Indigos von veilchenblauen Läden
der Fülle des Azurs der Klaviatur des Rots
der Feuerglut des Gelbs o Lichterglanz o Jugend
o Sonne und sie schwingt sich auf durchnäßt von
Lasten
die heiß von einem Stern der nach Gesetz entsteht
sie schwingt sich über die Kontur des Horizonts
der königlichen und der schleichezähen Tage
die Tage flossen zäh am Kugelfratz vorbei
sie rannen in die Nacht Der phosphorsaure Rotz
des ungewissen Strahls er schmeichelte der Sonne
dieweil den leichten Schlaf der Möglichkeit zu fliehn
die Erde zauderte o Jugend Jugend o
o Sonne kupferrot mit Flecken und mit Haar
mit Pickeln übersät die albern jung und rot
du mildes Mütterchen des wohlerzognen Stammes
sie kreisen akkurat als akrobatsche Kreisel
als Champions nominiert so kurven sie am Himmel
und ihre Ringe sind Karnies am Kapitell
ihr Sport verblüffte die spiralige Bewegung
jedoch die Schlauen sahn die planetarsche List
die Wetten stehen gut sie kommen zeitig wieder
auf die Minut' Sekund' Jahrhundert und den Tag
die sturen Läufer in der Frostigkeit der Tage
besiegt ist das Roulett der reiche Spielbankier
zahlt unaufhörlich aus und ahnt nicht daß man mogelt
der Händler träumen kann es kann die Nutte pennen
es kann der Herr Obrist den schwarzen Tabak rauchen
die Straßenjungs mit Spielzeug umeinanderrennen
und der Beamte gähnt der Greis er schummert stille
der schwule Päderast beruhigt seine Nille
ganz in der Ferne grault der grausige Matrose
so nah am Rande der Unendlichkeit zu segeln
denn dieser kennt den abgehärmten Bergmann nicht
der blind im Schacht der Nacht die schwarzen Flöze
sticht

die schwanke Trunkenheit die unbedachte Sicht
in ihren Kutschen gehn sie auf den Brücken um
verlieren immerzu die Räder an der Ecke
die kalten Deppen die Planeten b-moll-Kugeln
die ziehnden Kompagnons der ackerbaunden Erde
o Jugend Jugend Erd die noch dem Feuer huldigt
die Falten warn bedeckt mit schwärenden Vulkanen
die Runzeln platzten auf von einem Pol zum andern
die pflanzten die Phlegmohn' der Lavaschmore fort
Ein einzger Ozean welch Nährgrund der Kultur
welch trübe Tunke schon erscheint er überhitzt
die überschlagne Brüh' im gutgekochten Virus
der gegen jedermann der Ozean kam nieder
mit Bergkristallen und mit feinen Kieselalgen
mit Eiweißkörnern und mit ungezählten Sporen
Bakterien schlapp und lahm mit Rädertierchen
Klümpchen
gallertgem Pfefferkorn mit Qualster wie aus Rotz
mit Punkten massenhaft mit Tränen wie aus Larven
die sich im Hin und Her ins neue Wasser warfen
in dem die riesige und junge Erde watet
doch schon ein wenig bleich schon ein gebratner Apfel
und voller Eiter schon vom Saft des Bürgerkriegs
Krokant der abgebrüht im Ungeziefer treibt
der mit dem feinen Rückgrat eines klaren Berges
jetzt aus dem Wasser springt o Jugend Jugend o
Und die Kristalle festgefügt die Schultern reibend
erglänzen die Kristalle knospende Natur
genaue lautre und geschickte Arbeitsleut'
die ihre Finger rührn und ihre Spalten waschen
erglänzen die Kristalle fleißge Uhrenflicker
in ihrem feinen Netz die Zeit gefangenhalten
das Wasser dann und wann des weichen Tropfens
greifen
erglänzen die Kristalle preisende Befruchter
die in den geilen Schoß des Bodens sich ergießen

exaktenSamen in die vagen Eier schießen
erglänzen Und die Erd' entbindet und sie baggert
das helle Magma und das schmutzge Leben aus
die Erde zeigt sich bleich und teigig Sie schreit auf

ZWEITER GESANG

Im Fleisch der Rinde wo die Höhlenzähne wild
im souterrainen Sud mit Arm' und Beinen schlugen
da tanzt der dichte Dunst der Dornen Saltarella
die Berge trollen sich über die Kontinente
Am Strand der Siedesee summt der Akkordeonkasten
noch legt kein Finger sich ganz weich auf seine Tasten
Der Schlamm entrindet schon die Lava und den Bims
indem er Feuer schlägt das von der Luft besiegt
der Schlamm ernährt sich von sich selbst und auch von
andrem
deshalb die dünne Haut und folglich auch der Spelz
der Schlamm verdichtet sich er brät und bäckt und
bräunt
der Schlamm er spaltet sich er grillt und streut sich aus
der Schlamm verdichtet sich er wird zu einem Stoff
der Schlamm er streut sich aus er wird zur
Scheidewand
der Wind der ihn erhebt hat von Vulkanen schon
über die Berge hin die Dämpfe ausgesandt
er salzt die Meere und er reibt als lahme Mähre
die Wolkenmähne an amorphem Mineral
die vier gestreckten Huf' zertrampelten die Kuppel
und der Gewitterdunst entlastete den Himmel
die Erde berstet noch es wird die Erde bersten
der Schlamm schmeckt mit Genuß die flüssge
Ausdrucksform
er absorbiert den Wind er erntet Sturm und Wetter

besät den Schieferstein zerbröckelt den Granit
genießt das Katzengold zertrampelt den Porphyr
verschleppt den Horizont verschmilzt die
Felsenkämme
liebkost den Küstensaum und unterhält das Jucken
der wunderbaren Erd' in Seufzen und in Schlucken
die Erde berstet noch es wird die Erde bersten
ihr Kopf er spaltet sich die Füße sich verrenken
ihr zitteriger Bauch treibt Knospen auf aus Näbeln
ihr Hinterbacken schrumpft im Krampfe ihrer After
ihr Mund schreit heiser sich in dumpfen Büttenreden
die Augen fortgehüpft die Höhle wiederschaffend
sie stürzen tobend ein und ihre Ohren hatten
das Tosen abgeblockt einträchtig haben sie
ihr Läppchen aufgerollt in gar nicht wenig Furchen
der Schlamm verbreitet sich der Schlamm verschluckt
sich gar
der Schlamm belebt sich neu der Schlamm wird wan-
delbar
der Schlamm er dreht sich und er atmet aus und ein
der Schlamm er träufelt und der Schlamm er grünt und
blüht
die Knolle einer Blas' enthülst ihr Säckchen Gas
Die Erde regt sich jetzt   Der Schlamm zeigt seine
Risse
Ganz plötzlich rauscht der Flaum   Es läßt der
Schlamm sich meißeln
Ganz plötzlich rauscht der Flaum   Die Erde müht
sich ab
Und in den Wind der Flaum spuckt seine Boten aus
Larousse verschluckt sich dran ein jeder Pilz der sät
liebt sich in Onanie sport an die Horizonte
der Erde Flecht' und Alg' dazu das Moos der Berge
der angewachsne Rock er klettert längs der Hänge
die Pflanzenwoge rückt auf dem gewellten Grund
mit vorgestreckter Nas' dem Himmel auf den Leib

in Bürstenart das Haar im Töpferton die Füße
das finstre weiche Schwarz der vegetalen Stöße
jetzt grünen singen will und es durchbohrt die
Schuppen
der wenger finstren als der regungslosen Kuppen
bereitet Pflüge für die Erd- und Feldarbeit
entlegen sicherlich denn nichts und niemand fliegt
noch über diesen Flaum der ungleichseitig rauscht
und nichts und niemand kalbt streckt seine Flügel aus
allein der Flaum er rauscht er singt und grünt auf der
veränderlichen Krust' die schwingt und die erschlafft
Erst wenn die Blüte die gediegne Lava brennt
und wenn die Farbenpracht mit ihrer Gabenmacht
im weiten Schöpfungskreis sich in die Glieder gießt
wenn endlich auf der Erd' gewürzte Farbe sprießt
die in die Dinge schießt in Mineralientönen
und wenn das Farbenbild des auserlesnen Schönen
an jedes Blütenblatt den heitren Pinsel setzt
wenn die Palette die zu Pflanzenspielen taugt
sich ihre Töne mehrt für reine Blumenkronen
dann kommt ein Tier hervor und legt die trocknen
Pfoten
auf das Geschlecht vom Regenbogen aufgeboten
ein Tier ein Tier ist da es strampelt wild im Blau
ein Tier ein Tier ist da es flattert und es springt
ein Tier ein Tier ist da mit Augen forsch und flau
ein Tier ein Tier ist da der Sprößling seiner Ahnen
ein Tier ein Tier ist da zerbricht die Ursprungsbahnen
ein Tier ein Tier ist da es transformiert sein Erbe
ein Tier ein Tier ist da es ist der neue Born
kommt aus dem tiefen Schlund und hebt sich aus dem
Meere
kommt aus der Erd' und hebt sich aus der Atmosphäre
die lau und bietet sein Geschlechtsregister dar
jenseits des Gothas und der Klassifikationen
die schon weit hinter ihm Ein Tier ein Tier ist hier

Die Blumen Düfte der sternübersäten Algen
entfalten ihres Blühns spezifsche Dichtigkeit
indes das Tier sich aus dem klebrigen Atoll
anthropoär erhebt zu Organisationen
indes das Tier aus dem gallertigen Gerinnsel
sich myrmigen erhebt zu Chitinisationen
Ein Tier ein Tier ist da   Der Rasen erntet Früchte
Er reift im Lichte aus er reift in der Materie
er meißelt mit der Hand die malerischen Wellen
wirft mit der anderen die Möglichkeitenflüge
von Sprungbrettsuchern zu den schwachen Höhn
empor
Der Ahnherr ist noch da   Ein Tier ein Tier ist hier
Das Salz des Wassers nahm in acht die Eiweißbeutel
aus ihrer Masse schuf es einen Virusplan
Kristalle die getäuscht im mineralen Sein
sie schwangen fruchtend sich zu jener Freiheit auf
die ein beschwerteres Molkülgewicht versprach
so wie der Adler der Materie verschlingend
am Fels des Kaukasus die fette Leber schmauste
Ein geometrisch Salz es richtet bäumend sich
zur prallen Hode ein es stattet seine Kanten
mit seinem Erbsaft und mit seinem Streben aus
Der Sämann kraftgestählt in seiner Krokusrinde
der seine Erbsen zählt und aromatsche Winde
aufquellen sieht auf dem Gesicht des Walroßweibs
die Läng' und Breit' in der der Autor sich erklärt
die eingeborne Schar den Pflanzen untertan
schwarz oder rot erscheint und in sich eingeschrumpft
je nach dem Akt der Szen' mit steifer Vorhangbiese
damit für ihr Ballett sich die Kadenz erschließe
Ganz regelmäßig zeugt der Polyedervater
des Raums fünf Söhn' in dem Euklid
umhergesprungen
jedoch der scharfe Schnitt und auch die schrägen
Scheiben

erweitern die Figur zur mineralen Hyder
sie türmen insgeheim sich in der Tonschicht auf
sie stumpfen ihr Gesicht im unbezillen Stollen
sie spalten ihren Rumpf in spröden Stellungen
und türmen sich obskur indessen parallel
sie leuchten in der Nacht der geogenen Haut
das Licht erstickend in der ungradköpfgen Hyder
ein gliederlahmes Viech das sicherlich nicht wert
Transformation zu sehn von Axialstrukturen
in Urweltkrakenbrut die unkoordiniert
von diagnalen Plän' und sechsgefachten Achsen
in Chromosomen die schleimweich und biogen
dazu die Kuben und dazu die Sechskantprismen
quadratisch rhombo rhombi mono – und triklin
das heißt sich doppelt schräg und weit hinüberneigen
zum Moose und zum Maul zum Rotze und zum Tode
und von der Wetterwolk' zum chemschen
Dämmergrund
anzeigend den Beginn der Archidissimetren
die übern Durst die Entropie zuunterst kehren
die Perl' der Diamant einander nicht verwandt
das eine ist ein Stein scholastisch angewandt
der sich zu sauberen Begriffen redlich müht
das andre ist ein Tier krankt an der Diarrhoe
die es zu steigern weiß zu einem Heuchelweh
um draus zu sublimiern den Monoschalkomplex
der sich verhärtet hat in diesem Kugelleib
in dieser Zwitterscheid' des finstren Juweliers
der so vermutet man im Wasser eingetaucht
die Schmetterblitze frißt die eingefalzt im Nebel
zu dem man außerdem auch noch die Lava zählt
Pilâtre von Rozier und Pontius Pilatus
der Mensch er gräbt versinkt doch besser noch er fliegt
ja aber der Kristall der ohne Bart und Erbe
er sucht im Weltenmeer die ungefüge Bahn
zur Eiweißzelle hin Entelechie zu lesen

quer durch die Existenz im Virus kaum gewesen
kein Brief ist angelangt hier bei der Menschenpost
damit die Sondermark' philatelistisch fein
die sich das Leben auf die Baugefüge klebt
in einer Weihestund' mit einem Stempel ende
Abgrund und Höhlenbucht Furor und Wasserjungfer
das Schlupfloch des Morasts wo die Libelle fliegt
die Hoffnung der Kristall' die'n Ackerbau gebaren
indem das Weiche sie auf heiklen Wegen schufen
Abgrund und Höhlenbucht Jähzorn und Transparenz
Entsagungsrumpf der Achs' Polaritätenbogen
durchbricht in dieser See motivisch dissimetrisch
das erste Phänomen der vollen Lebenskraft
Die Flechte stinkt das Moos zerrinnt die Alg' entsinnt
mit reinem Schoße sich des Ahns sie schmelzen stumm
kristallnes Linientum Gesetz und Schönheitsbild
in ihrem Raume um der chlorophyllgefüllt
wenn Palmen goldgefärbt von fauligen Bazillen
skizzieren das Ballett banaler Akzidens
wenn Säfte konkoktiert von rührigen Mikroben
sich ihrer Rechte all im Sein in vitro freun
wenn volles Akzidens Tetanus und Gonade
die Streptokokken füllt mit seiner Schokolade
dann trachten weniger behaarte säu'sche Sterne
jenseits des festen Lands die Wasser zu erobern
Orgasmensahne und -püree es instruiert
des Samens Regelspiel die Ungeschlechtlichen
sie lernen Weg und Steg wo nabelloses Leben
Plazenta Samensaft und Fötus nennen wird
den Weg den Monstren und den Anomale sprengten
der sich um die sich selbst drehende Kugel windet
auf den das Tier sich stellt und der den Menschen bildet
Was liegt am Ahn wo geht er hin sobald er tot
er kommt nicht unbekannt die Gattung anzunagen
die heut' geboren ist von ihren Stellvertretern

die sehr vergeßlich sind für ihre Rückenschilde
für ihr antikes Eiweiß ihren alten Samen
Doch man entdeckt sie dann gereift im Bernsteinharz
gekappt im Schiefer und kandiert im Alabaster
man holt sich diese Narrn vom Meeresgrund herauf
aus undurchsichtger Höhl' und selbst aus den Museen
Und ohne Augen sahn sie sich im Weltmeer an
bemühten zaudernd sich in Richtung Gliedertier
denn von den Säugetiern war da noch nicht die Rede
der Ringelwurm umschlang mit seinem Fuß die Woge
das Weichtier legte sich in den archaschen Raum
mit seiner Muschel und zuweilen ohne diese
'nen schönen guten Tag Herr Bernhard Eremit
was hast du denn gemacht als dich das Körpermark
im Innern einer Bucht böslich vermutete
daß ein Konfraterschuft dein Haus verheimlichte?
es drohten deinem Wanst die Würmer Meeresigel
indes du lebtest   Doch wie hast du's angestellt
daß Bernhard kleiderlos daß Bernhard kryptogam
dir ruhlos das Bemühn der Faulen gut bekam
So viele waren da nicht kraftlos nicht gefräßig
so viele sind entwischt ob Wilde oder Schwache
so viele haben schon die blöde Art versucht
mit diesem Knochenkram dem Plunder der Gedärme
und haben schon versucht der Erde aufzudrängen
die brave kühne und barocke Gegenwart
der massenhaftesten noch unerreichten Art
Sie sind hinweggefegt   Die simpelste Figur
entspringt nicht unversehrt nach diesen Millionen
Die Erde schüttelt sich   Sie sind hinweggefegt
Sie konnten überstehn mit irgendeiner Muschel
sie hatten diese Muschel waren kerngesund
sie hatten eine Form und ihre Erblichkeit
sie konnten überstehn   Sie sind hinweggefegt
Die Erde schüttelt sich schabt ab ihr Larafari
den lästigen und lausigen und bittren Schund

der ihr Gesicht zerkratzt mit seinen Tanzfiguren
mit Springen Stampfen und mit Kriechen durch den Schleim
mit Schlängeln Schnellen und mit wilden Galoppaden
mit Zittern und mit Stops und Unbeweglichkeiten
Sie rempelt und sie fegt die gute Erde sie
stellt eine Falle auf dem Eifer und dem Streben
Das Tier hält standhaft aus die Spezies gedeiht
vergißt aus Idiotie die Revolutionen
die Arbeitssonne und das Mark und auch die Uhr
ist in den Teig gewirkt in dem die Hoffnung ruht
Bläst seine Gattung auf und dieser Ball stirbt doppelt
das Individuum Die Erde gräbt es um

DRITTER GESANG

Das Eisen hat Gefäß das Kupfer seine Keulen
in der Estaque sich Chlor und Natrium verbindet
vergehn in der Vendée vernichten sich in Havre
dort wo das Ammonshorn den Fels in Stücke schindet
Das Hundert ist nun da Spektakel Firlefanz
um sich zu Salz Kristall und Erde zu vermengen
Wann waren sie noch rein wann zeigte ihr Gefieder
die Farb' enthüllend sie als rohen Tatbestand?
Gab's einen Augenblick entfleischt und väterlich
da jedes Element sein Tanzspiel einstudierend
sein feindliches Gesicht auf jeglicher Verbindung
mit reinem Riß und mit gefiederter Verzweigung
im Autonombereich der Kugel präsentierte?
Die Wolken schwollen an auf ihre Weise ihre
die eine voller Stick- die andre voller Sonnstoff
'ne unerschrockne dritt' sie wählte sich das Argon
die kleinen Kumili erhellten sich im Neon
bescheidne Kryptons sahn mit sechsunddreißig
Kerzen
das Xenon hatte nur geringe Selbigkeit
das bunte Chlor es rückt dem Wasserstoff zu Leibe
indes mit giftigem Gemüte das Fluor
auf Flamm' und Feuer und drauf spannte Spat zu
machen
inmitten aller war die Lunge Sauerstoff
Die Bäche waren rar in ihrem flüssgen Lauf

nur dreie zeichneten auf dem Ellipsoid
den minimalen Weg   Das Brom roch angenehm
erstickend im Zenit und lindernd im Nadir
als es gefunden hatt' den impotenten Ur
in den Phiolen der betrübten Apotheker
auf braunen Fluten flammt das Aluminium
ein Topfmetall   Nur ein paar Schritt von ihm entfernt
bestreicht das eingeschmolzne Gallium kleine Betten
bevor es sich in die bezinkte Blende hockt
das böse Amalgam das Glanz und Pracht vermeidet
es ist bereit und schießt in schlanken Säulen auf
damit's im Himmel prüf' die polygame Hitze
und das Variable bieg in Bögen hin und her
von der Beständigkeit bis zu gallertgen Stürmen
ein flüssges Wunderding und eine Urexstase
und fließend und subtil in ausgeformten Tropfen
in Tropfen fröhlich und verspielt wie Wasserpuppen
das einzge das ein Gott war das Barockmetall
rann über die Gestalt der festen Kugel hin
vollkommen rein und ließ auch keine Spur zurück
wird später zielen auf den planetarschen Bruder
wird zielen auf das syphilitische Entsetzen
wird zielen auf die fulminante Explosion
wird höher zielen als das Schulrealienbuch
das ein Gefolg' ihm gibt von achtzig Elektronen
wird höher zielen als die Apothekerurne
als das Sublime wenn's auch ätzend ist und selbst
als die Erinnerung des laxativen Negers
Aus dem Zinnober stammt's die Illusion strahlt's aus
du Python lechzend nach dem Baume der Diana
du Autogymnasiast du Führer der Verstorbnen
Mitläufer du der Höll' Befreier du der Seelen
Gewandtheit des Poets du Hexenalgorithmus
du dessen Steinbild Alkibiades verhöhnte
prosaischer Faschist Bewunderer der Perser
du der du alles ringsumher belecken kannst

durchquerst die Werke die die Reimeschmiede
bannten
Bergmann der Allusion und Schneider der Metaphern
Erklär doch Hermes den französschen Lesern bitte
die Klarheit dieses Karmas in sechs Teilabschnitten
Merkur nun stell mal die artesische Kartistik
für die Synopsis des Gedichtchens auf die Beine
nun bring mal Hermes den bescheidnen Plan ins reine
daß meine Feder für die Mehrzahl der Franzosen
zu Buche schlagen wird mit Hilfe der Vokabeln
du Straßenreiniger du Brenner der Essenzen
du Rätsellöser und du Kieselsteinzerreiber
die Schlüssel nimm zur Hand die mir Begierde tun
die Schlüssellöcher wo unsre Granaten ruhn
'konom des Denkens Algebreur der Seelenstürme
du Lämmerkolporteur du Psychopumpe du
furchtlose Flugmaschin' metallsche Mistfigur
und du Quecksilbermohr in den Kartoffelkäfern
mach schnell erklär schon mal ein wenig wenn du's
wagst
warum die Poesie die klar und diaphan
die wissenschaftlich hexametrisch unschuldsvoll
die schlicht und ohne Falsch hier deine Tochter ist:
bin nicht hermetisch hermeneutisch akzeptiere
Auf dem Kyllenenberg nahbei Saint-Clair-sur-Epte
da nehm' ich freundlich dich als Säugling auf den Arm
jetzt bist du größer schon du weißt was ein Konzept
der Wind des Alphabet der Signifikationen
(das bin noch ich der spricht)   (Man muß sehr klar
bemerken
daß ich Trismegistos noch nicht gerufen habe)
»Wir werden seinen Plan der sicher wohlgemeint
trotz seinem Eigensinn den Lesern jetzt erklären
Anstatt dem Hahnenfuß oder anstatt der Winde
nahm er das Kalzium und auch die Honigbiene
Kapiert? anstatt der Bank oder des Monds im Frühling

nahm er die Zelle und die Wirkung des Phenols
Kapiert? anstatt des Tods der Ahnen und der Kinder
nahm er Vulkane Algol oder Regulus
anstatt die Mädchen und die Rosen froh Gehüpf
und Blütenflüge miteinander zu vergleichen
ist ihm die Wissenschaft ein kochendes Register
Die Worte schwollen an vom Süßen aller Dinge
vom klugen weisen Saft und vom gelehrten Latex
Man spricht von Roggenkraut und von der Marguerite
warum jedoch nicht vom Uranblecherz warum?
man spricht von Stirn und Aug' von Nase und vom Mund
warum nicht ja warum nicht von den Chromosomen?
man spricht von Minos und von der Pasiphae
vom müden Pelikan der von der Reise kommt
man spricht vom Schönen heut vom Unberührten Zähen
man spricht vom Albatros mit seinen Riesenflügeln
von Schiffen niederwärts in unbewegten Flüssen
von Kindern die bei Nacht den Funkenregen stehlen
warum jedoch nicht vom Elektromagnetismus?
nicht daß er (das bin ich) auch wüßte was das ist
die andren wußten sie denn was die Rosen sind
der Albatros die Fahrt ein Knabe und ein Schiff
sie sprachen gut davon! doch wichtig ist's zu wagen
so wie aus seinem Nest ein kleiner Vogel fliegt
das Flügelchen gerupft das Schnäbelchen ballistisch
und dieser sehen Sie hat nichts Didaktisches
was sollte er auch lehrn da er ja kaum was weiß
(ich danke schön) das Wort hat Flüchtigkeitsgeschmack
das Veilchen die Osmos' ham gleiche Dichtigkeit
der Goldzahn und das Wolfram schmeichlerische Klänge
Karlin und Kaolin verbrauchte Assonanzen
todkrank und schwefelig sind beides Adjektive

die freie Auswahl reicht vom Zeh zum Großen Bären
vom Fußpunkt bis zum Ohr vom Radar bis zum
Zinken
Aus manchem Wortspiel taucht ein Schuß Bedeutung
auf
und die geschriebne Schrift wird manchmal
automatisch
die Welt erleidet keine Formveränderung mehr
es stimmen überein und stellen drin sich dar
die Dinge in den doppeldeutgen sonderbar
durchscheinend doppelstetgen reziproken Worten
nur Ding und Wort und Ding und die Alexandriner
und dieser greift den Ton so wie das Ding erscheint
bescheiden ist sein Werk und fließend sein Gedanke
wenn er Gedanken hat« O danke danke danke
So redete Merkur und der Poet wagt nicht
die Fettsucht eines Leibs die Steifheit eines Kopfs
der göttlichen Natur man weiß nicht gut genug
wie sehr vergöttlicht sie voll Zweifel anzufechten
Und in den Dichterschweiß rinnt folglich der Zinnober
Aus Stein des Name leicht viel leichter als das Wasser
schuf Augustinus die Gesundheit des Gehirns
in diesem Zeitabschnitt mit seinen Raumesgrenzen
als man noch nicht so ganz genau den Platz vom Magen
im Kopfe oder in den Rippen konnte sagen
da war natürlich auch das Wasser noch nicht da
die Elemente mehr und wenger Isotopen
plazierten ihr Atom vom Saume bis zum Maulwurf
chemistisch unberührt in schwarzer Konfluenz
das Hinterteil jedoch fast schon in Kugellage
stellt auf dem festen Grund bedächtig seine Frage
O du Smaragdberyll o du Glyzinium
und diese grüne Weid' sie exhydriert das Futter
noch weich zukünftig wo die apfelgraue Auster
den Wohlgeschmack verströmt zwischen zwei
Kieselalgen

ein Echo fern und weich das des Smaragdberylls
Kristall mit vierfachelektronischem Gesicht
Das Tinkal das sich bläht gefrornes Geifereiweiß
das noch den reinen Geist der Kohle nicht umreißt
Von diesem Bruder mit den Viererhaken aus
wird sich das Geifereiweiß architekturieren
und die Petroleumlamp' das milde Aspirin
und Zucker Alkohol Indol und Indigo
das schwarze Anilin der Gummipflanzensaft
sie spalten sich entzwei zu Hundertausenden
des Kohlenstoffs Geschlecht und andre Numeros
vor allem sein Bezirk ist Nachbarschaft der Null
hat scheinbar zwei Prozent recht ärm- und prächtiglich
macht nun der Mensch draus die organische Chemie
sogleich entthront er ihn wenn die Vierwertigkeit
sich im Silizium die Ähnlichkeit erhält
als zweite Quantität   Von diesen gleichen Wesen
ernährt das ein' die Erd' das andre das was lebt
wenn das verschlafne Bild die Plastik akzeptiert
belebt der Schöpfermensch die Frostigkeit aufs neue
die Vitrifikation das Rhomboederquarz
im unbekannten Hall der Kohlenhaltigkeit
das Kaserollmetall das oben schon genannt
gießt seine Masse auf den ziehenden Alaun
es hat sich schon gezeigt das Kalzium nah beim Eisen
das Natrium erscheint in ihrem Ozeanschwanz
Pottasche Puderstaub Salpeter Rückstandwein
Zündpulver Gifte und das Sod und Kaustika
die Poryphore und die Kieselflüssigkeit
sie inkarnieren die hochrote Kaliflamm'
die wild und violett und sich im Karnallit
dem Feuer anvertraut der autographschen Fee
Die Hyder Himmel drückt läßt das Titan hervor
noch etwas ausgedehnt für künftges Anatas
nicht wenger kuglig als Rutil und Arkansit
nicht wenger nadelspitz nicht wenger penetrant

bevor es das Gehär der Aphrodit' zerzaust
wie Atlas trägt es das Gewicht mit Namen Ton
dann Chlor weit ausgedehnt er folgt dem Phosphor
nach
Es wird der Luzifer vom Terpentin verschont
lebendge Knochen ziern mit schwefligem Geschick
und ziert die Küch' dazu als ein Kompliz des Nachbarn
da bist du Element der Nummer einundzwanzig
ich kann mich da du selbst ein chemisch Vages bleibst
mit deinem Wankelmut kann ich mich wohl
vergleichen
warum benannte man dich denn mit diesem Namen
ja du von der man nichts kaum deine Kindschaft kennt
warum verwickeltst du dich in das Yttrium
du das du weit von hier vorangehst dem Titan
warum nur zogest du nicht treue Jünger an
jenseits des Wolframs dich daran zu degustieren
Doch bringen unser Hoch dem Thorium wir dar
und respektieren wir Fluor und Oxalat
beschaun wir des Metalls zerbrechlich spröde Schulter
schaun wir den Seitensprung speziell der Seltnen
Erden
jedoch das Skandium? Warum dies Substantiv
das wie ein Haken einundzwanzigrangig sitzt
denn was legitimiert dies logsche Substantiv
das mir erlauben könnt' des Schlusses Folgerung
ich hab' noch nicht genug der Verse für die Tölpel
die sich vom Chrome bis zum Wismut hin erstrecken
vorausgegangen schon in Minasragras Scheide
davon ein bißchen nur dem Lebenden zu Leide
Was soll man sagen von Polonium Astatin
und was vom Francium von der Emanation
dann wird dies die Geschicht' des Menschengeistes
sein
dies topologsche Lied erweckt das Skandium
das sicher so genannt infolge der Skansionen

die Einundzwanzig das ist meine Schlüsselzahl
und hier welch ein Skandal als hinterstes Metall
beweist der arme Wicht den ersten Schritt ins Licht
In einer Eck' der Erd' entschlüpfte dies Gedicht

VIERTER GESANG

Kristall du Kristall ab Kristall ab Kristall du
der Gipfel Abzählreim der Flächen und der Grate
Kristall ab Kristall du Kristall du Kristall ab
zerspellt euch säuberlich zerspellt euch denn ihr seid
ernähret euch von Saft so wie die schlichten Poren
und wenn ihr dann zerbrecht dann wachst so wie der Hummer
und am Zylinderend' entzweigestoßnes Glas
nimmt seine Farben an und unterteilt die Formen
in dem verbundnen Zeug sind nicht mehr zu erkennen
die ersten Element' und die bescheidnen Normen
Tabak du Tabak ab Tabak ab Tabak du
die Tochter Mosaik in dem Kaleidoskop
Tabak ab Tabak du Tabak du Tabak ab
und das Gemeng' erscheint im Spiel des Mikroskops
wo ist denn der Ozon mit bläulichem Geruch
wo ist das Wasser denn das man für trinkbar hält
Millionstel des Atoms vollendet die Struktur
und das was lebt ist die Gesamtheit des Gerüsts
Es bildet sich ein Kern die Erd' aus größren Lagern
sein totes Elektron das die Gezeiten treibt
die Wasserhöhe und die Rauheit der Passate
im Aussehn einer Wog' das Spiel der Flamm' aus Stroh
der weiche Horizont gebreitet jeden Tag
ist für die Algen all die ihre Bälle blähn
für die Gefäße all die bald erscheinen werden

trotz der Orkane und der Schlangen aus dem Meer
doch die gefrorne Fläch' sie ehelicht die Ufer
an denen später die Atomstationen stehn
und vor den Kameras die Fünfuhrkaffeekränzchen
Da steigt ein Wassertropf 'nen Zentimeter hoch
auf dieser jungen Erd' bewahrt die spröde Wange
die Ebbe und die Flut Gezeiten hinter Gittern
Das Leuchten ebnet asymmetrisch ein Kristall
auf dem erhörten Strand der brackigen Lagunen
Der Rhomboeder wächst die Oberfläche wächst
verschafft sich eine Eck' verschafft sich eine Spitze
vollbringt den Deckelhut und spannt sich im Volumen
Durchsichtigkeit wird zum Zigarrenmosaik
und der Saphir ist Ahn die Quell' des Schnupfens ist
der Diamant das heißt wahrscheinlich Viren zeugen
sobald die Sonne sich und ihre Strahlen bricht
es sind die Sonnenzipf' die winzigkleinen Qualster
die Flecken dieses Weibs bewirkten Mißbehagen
Im homogenen Raum regiert Homunkulus
der gelbgefärbte Strahl gestürzt als Tetraeder
geschwärzt von Dunkelheit die flüssig kosmogen
auf dem Tangentendamm in abgehaarten Rissen
da breitet die Gefäßspirale Konvulsionen
in riesgen Büschen und in pseudopierten Kronen
Ob Aldbaran sich peitscht oder ob Sirius blinzelt
ein Leben es ist hier im Sternenmeer entstanden
Die Sterne die gepackt die ersten Elemente
mitsamt den Formen starr in ihrer Geometrie
vollbringn ein Kreide- und Siliziumskelett
sie amöbieren sich im Sturz und stürzen ein
Milliarden Klümpchen mehr und weniger zerfetzt
erbaun aus ihrem Tod der ohne Totenschein
'nen ganz gewissen Schnitz mit Sedimentenherz
das bebt und bebt und bebt geschäftig vibratil
ganz winzigklein und roh und zellig und rebellisch
die Ausbrüch' fraßen die genannten Kieselalgen

die spätre Tatze hat ’nen Zyklus von elf Jahren
Der eine Joseph sich der andre Paul sich nannte
sie hatten ihre Art und Bräuche ihre Sitten
Sie sind billionenfach im geokolen Kindbett
und sich einander nah in spätren Muschelgrotten
Der eine Alfons hieß der andre Eviradnus
sie hatten ihren Hut die Mask’ und ihr Gewand
Ein Torf aus Bestien ’ne Krem aus Sonnentierchen
betäubte Menge auf dem Untergrund der Sümpfe
der eine nahm das Steur der andere den Riemen
und so durchqueren sie in Stößen Jahr um Jahr
beehrn von Zeit zu Zeit das überspannte Glas
des Menschen der sich beugt über den Horizont
der in dem Licht umringt ein winziges Vergangnes
Und damals hatten sie den Glauben und das Streben
gallertge Konkurrenz beflirrte Spuckerei
Imperienkonstrukteur’ Erfinder Abenteurer
bis an den Hals getaucht in die ergiebge Lauge
doch nie zu kreuzen sich die Wimpern oder Geißeln
brüskierten das Gewicht der Regeln und der Dinge
Was hat die einen Mut entwickelt diese helle
saublöde neue wahrhaft autochthone Zelle
als sie ihr Leben in den Sturm des Todes warf
daß sie es tat lag dran daß sie noch nichts gewußt
als sie die Konstruktion des Seins in Angriff nahm
noch ganz im Keim erstickt von ihrer rotzgen Pracht
Davon wird’s kleine und es wird Kolosse geben
davon wird’s grüne schwarze blaue weiße geben
davon wird’s knochge und mit Nervensträngen geben
dann endlich ist’s soweit da bin ich die Natur
das große Tierreich tritt als meine Gattung auf
ich nehme einen Wurm noch besser eine Made
bewundern wir den Samt der kleinen Hinterschenkel
Lucilia Caesar war’s die diese Brut gebar
und folglich hat man sie am Haken aufgehängt
Ein jeder Fisch der schnappt ist ein gegeßner Fisch

das Mehl erleidet die Attack' des Rüsselkäfers
der Mensch er schnabuliert die kleinen blonden
Hörnchen
den Ringelwürmerstich das Wasserschnakenfieber
die abgeschälte Raup' dazu die Wanderschwalbe
Verheererin von winzgen Wesen welche fliegen
der Löw' den Tiger die Giraff' das Gras zernagt
sie alle können nicht verweigern Brut zu sein
der Einzelzelle die zahnlos und ohne Haar
die spitzbekam daß ein Lebendges eßbar ist
Um wieviel genial- gewitzigt- und superber
war doch der allererste Sexuierte der
die Samengarbe auf ein Weibchendoppel schoß
Geliebte Ständerei der Männer Wollust du
die du dem Sein ein Loch zum Samenauswurf gibst
das Tal den Bergen und dem Kolben den Zylinder
den Elefant' die Fantin Tigern ein Bengalen
den Stieren eine Kuh den Grillen die Zikade
der Sonne ihre Nacht dem Manne eine Frau
durch dich an ihrem Ort in ihrer Zeit genießen
die Tiere zeugefickend den Planetenriesen
Es ist fast sicher daß das Eingezellte nie
voraussehn konnte daß das Vielgezellte so
verrückt drauf war die andre Hälfe zu erklimmen
Doch für die Jungfernrass' muß man 'ne Ausnahm'
machen
die ohne Männchen den Laboratorien
Gespenstermatrial vergrämter Schrecken liefern
Geliebte Ständerei der Männer Wollust du
die du den Schwanz die du die Weiblichkeit erschufst
die du die Eier und die Milch den Fischen gabst
die religiöse Scheu der Riesenfangheuschrecke
für das gefreßne Männchen das des Himmels denkt
Mutter der Toleranz der Spiele und der Künste
die du der Hündin den Geschmack der Ecke gabst
dem Tender seine Lok dem Barren seine Glut

die du aus Meeresschaum dir eine Pfeife machtest
der Muschel eine Vulv' und aus der Eiche Eicheln
beseele diesen Stift der phallisch ausgeformt
damit er preisen kann die wunderbaren Taten
Und als die dichte Sonn' von ihrem Lauf zurück
und wieder aufwärts taucht aus Nacht und Frost und Winter
da stellt man ganz verdutzt im ebnen Lande fest
daß andre Tiere auch enstehen nach dem Fick
Ein unbefangnes Volk Geflügel oder Vieh
gebärdet bäurisch sich auf Wiesen und am Wasser
der Truthahn und die Put' der Hengst und seine Stut'
weil ein Kalender sagt daß das der Frühling ist
Der Mensch in seiner Stadt kann nicht sein Los verhehlen
er fickt am Abend und er fickt im Morgengraun
er fickt am Weihnachtstag an Ostern Allerseelen
am Tag der Einheit und am Waffenstillstandstag
er fickt wenn's regnet und er fickt wenn's stürmt und schneit
und weiß nicht daß die Sonn' der hinterlistge Ball
das Stehn und Hängen lenkt des Glieds mit seiner Vorhaut
Geliebte Ständerei der Männer Wollust du
o nimm mich an der Hand (so sagen wir) und zeig
wie jenseits der Koralln atollisch im Bemühn
sie miteinander penn' die hübschen Fadenwürmer
die netten Schnürchen- und die frohen Rädertierchen
gehörnte Muschelchen und schwammge Meeresrinden
die Ringelwürmer im beschwingten Ringelreihn
die weichen Weichtier' und auch die Peripatiden
der ewge Wasserbär und Papa Tribolit
denn dieser lebte in den geologschen Zeiten
er schwamm im lauen Wasser der primären Äre
in dem der arme Mensch vor Schreck geborsten wäre

Schon knirscht der Pfeilschwanzkrebs in dem
Aquarium
und wirft den Man so nennt man sich vor Bängnis um
Und kryptisch jede Pflanz' die Bestie wässrig war
rar war was ambulant das Farnkraut und der Baum
bewundern wundern wir Skorpion das Gliedertier
als erster wagte er die acht ganz kleinen Pfoten
kannt' nicht die tierische Traktion auf einen Boden
Das kühne Spinnentier es gab natürlich nicht
in diesem Zeitgewirr 'ne Neuauflage 'raus
als es in mutgem Lauf die Erd' eroberte
im Lande des Silurs wo Schachtelhalm gedieh
bevor sich dieser Stamm Waliser einquartierte
zwischen der Grafenschaft Devon und Connemara
Der insulare Stamm ist reichlich dezimiert
ein Name bleibt ihm nur für geologsche Freuden
nicht lange Zeit seit da Millionen Jahre ließen
unangetastet ihn bewundern wundern wir
Skorpion das Gliedertier den ersten Geotopen
das ist die Meinung der Publicity-Agenten
Zuave aus Algier Kolumbus der Antillen
Erfinder eines Seins weit außerhalb der Meere
das nicht mehr schwimmen will doch Meister einer
Atmung
hier ist der große Ahn mit rätselhaftem Kamm
der weiterlebt sein Los unwandelbar und düster
den Menschen glauben läßt er fänd' am Selbstmord
was
wenn dieser Schwachkopf sich an Feuersbrünsten
weidet
und sich dabei von der Gesamtentwicklung scheidet
bewundern wundern wir Skorpion das Gliedertier
Jedoch es kommen schon in Überzahl die Nachbarn
mit Pfötchen doch nicht mehr als sechs mit flinken
Fühlern
sie finden sich sehr weit vom armen Schaltier wieder

das tief im Ozean verborgnes Leben führt
und mit Bescheidung die dem Austertier gebührt
dem Menschen den Genuß des Fleisches reserviert
die Meeresfrüchte erst und dann der Felsenspringer
danach der Springschwanz und das kleinste
Halbinsekt
bereitet Waffen sich zum Antischmökerkampf
so wie zur Heldentat die myrmecophilistisch
Du kleiner Silberfisch du Foliantenleser
du rennst in Vicos Werk umher das übersetzt
von Meister Michelet dein Bruder Tischgenoß
der Lump berauscht sich an formicidalem Saft
und ihre Larven weit vom alten Triboliten
weit von der Bürzel schon entfernt erlangen wieder
paranotale Expansionen für die Spötter
paranotal ich sag' bewußt paranotal
des Brustfells Widerhall die Blätter lateral
durch ihre Invention die evoluvital
wird eines Tages der Urflügler wiederkehren
denn in der Atmosphär' wird sich die Blum'
vermehren
und ein Beweglicher wird die Idee besitzen
daß Luft ein Raum ist wo man vorwärtskommen kann
wie's ein gewisser Wilbur Wreit beweisen wird
man nimmt von dieser unvergleichlichen Erfindung
das fliegende Insekt die Flügel hat entdeckt
bequemlich an daß ein beklopptes Krustentier
in dieser Urzeit sprach das ist ja ephemer
doch unvermutet stellt sich voller Widerspruch
die Einfamilienart der Uferfliegen ein
und in Meudon geschart zur Sommersonntagnacht
nach der Entwicklung der ephemeren Gruppen
da tanzen sie vereint die kleinen Wasserflieger
der flügellose Mensch er schwatzt und schwatzt davon
bestürzt von dieser Zeit die ohne Dimension
Die Wasserjungfer ist viel stärker Faschingsmaske

das Fliegen der Libell' das rein scheint überm Bach
ist viel zu weit entfernt hier aber ist die Schabe
die Oma jener atheistschen Fangheuschrecke
die Schabe auf dem Strand der Bäder von Athen
die kumplig lichterscheu vor allem tropisch ist
und gar nicht lang danach in diesen Folgezeiten
gerät der Mensch fürwahr an die Termitenmeng'
in ihren Wälzern sagen die Gelehrten ihm
von großen Länderein die wahrlich geographisch
in denen wirklich nichts als das Termitentier
Und der geschäftge Mensch er ist verwundert schier

FÜNFTER GESANG

Mit Degenstößen Tod   der Stil gewundner Wege
zehnliterweise Harn am Rand der Exkremente
hier also was sich auf der Stufenleiter rührt
der geologschen Zeit   Gefolg' der Lebenden
in Hüll' und Fülle Mord   und Beischlaf jede Menge
und das Gezweig des Baums und das Geäst des Pulpen
die Seesternblätter und die Meeresigelspitzen
den Reimen Formen im Gefolge das Gerank
die Echos der Gehölz' die auf das Schilfrohr klopfen
den viel zu weichen Korb der Betten   Gräberwiegen
die Brunnenkresse und das grüne Feld der Wasser
's gibt mehr als eine Palm' im Platzen einer Bombe
's gibt wenger als 'ne Knosp' im Frieden eines Leimrings
's gibt mehr als einen Balg in der Holunderseele
's gibt wenger als ein Laub zur feisten Jahreszeit
das Grünzeug aller Flut das Grünzeug aller Zweige
der Köder dieses Strahls den eine Sonne warf
das Netzwerk für die Flut die Blitze und die Pfeile
die kleberigen Sümpf' wo alles Moos gedeiht
Geringe Mühe hat den Tod rektifiziert
der Akkumulatorn   es sendet der Kamin
die kaum verdampfte Trän' ins Blau des Himmels auf
die schwarze Rauchfahn' aus dem Arsche der Töfftöffs
zeigt dem Bazillus an der Mensch ist nicht mehr fern
der Weise kannte den Ozon das Faultier nicht

sie schreien alle zwei auch ohne ihn bai bai
genau wie die Luzern' und wie der Rhododendron
die Algen ebenfalls und ebenfalls die Pilze
die ausgebrannte Flecht' würd' nicht den Humus
zeugen
es hätten Palm' und Ficht' nur eine Endstation
die Eiche ebenfalls gleichfalls die Araukarie
so wie der Mammutbaum und die Kartoffelknolle
Den Angströms hat der Tod den Mantel ausgetan
aus dem vorzeiten er das Leben quellen ließ
große Penelope die mit dem Faden rennt
sich adert oder klebt sich abmüht oder bricht
die Kapsel leugnet wo sich deine Fäden schließen
und die vermehren sich mit deiner groben Blöße
Gegessen werden muß ihr Tiere Tiere Tiere
gefuttert werden muß der Stengel des Salates
das Bohnensamenkorn der Artischockenkolben
die grüne Erbsensaat die Frucht verschiedner Bäume
der Kopf der Zwiebel und der Schopf des Lauchs dazu
Sie alle sind es wohl die Stick- und Kohlenstoff
mit vitaminischer Pharmakopöe und
manch anderem Produkt versorgen Tier o Tier
nun stopfe dir das nur mit Sorgfalt in die Birne
denn ohne dieses Gras den Rasen für die Kühe
und diese Rettiche und diese Rübenschwänz'
und diese herbe Kraft des bittren Löwenzahns
und diese düstre Klarheit der Kartoffelknoll'
die dir bescheren nur 'ne Zwischenzeitdiät
da könntest du dich Tier bestimmt begraben lassen
Das Salz dies Mineral verkrustet dir die Zunge
wirst in die Mangofrucht den sauren Apfel beißen
die Zeder die Zitron' den Zider und den Kürbis
die Ananas das Gras den Rettich und die Nudeln
und du wirst Grünes Braunes Schwarzes Gelbes
fressen
wirst fressen das was frißt und wirst gefressen werden

wirst Humus Exkrement und wirst die Jauche fressen
du wirst dich immer auf die erste Bindung stützen
vom Holze fressen und in deinen Eingeweiden
wird sich dein Tischgenoß sein Festmenü bereiten
Dies Dreieck eine Erd' als Ständer aufgebaut
ein Pilz und ein Kamin ein Baugerüst als Krebs
mit großen Kellenschläg' bewegt sich Afrika
und unter seiner Haut rumort ein weiches Heer
wie der Beton wird auch die Bestie Mensch geknetet
nachdem die Stäb' Bazill' und die Gespenstergrill'
der Pflanzen Dichtigkeit herausgefordert haben
vom Blatt den Fingersatz nahm an das Wandelblatt
vermehrt entwickelt sich und wagt danach den Raum
hier das Insekt   Es setzt sich durch das Vielfraßbild
und durch das Einzelsein und durch den Ohrwurm fort
scharmanter Gast der Frücht' dem Bürger dargeboten
und von der lauten Well' bis zu der Käferflut
gelangt eine Million Archostematen schon
zum Skarabän des Phtah   Jedoch bevor der Floh
das Blut ins Auge nahm bevor der Schmetterling
die Blüte weidete die singt und auch bevor
die Mücke deren Flug in Dämonsstürmen klopft
zu picksen unternahm die Philosophenas'
und kreuzfidel gedeiht in jeder Korruption
bevor die gelbe Bien' bevor das Ameislein
ob schwarz gefärbt ob rot das Leben in Gesellschaft
den Tanz den Ackerbau die Kunst der Militärs
die Arbeit und das Haustier und den Rausch erfanden
und auch bevor die Laus dies Rindenvieh gewählt
die eine sich das Haar die andre sich das Hemd
bevor die Wanze die mit Ernst und Strenge ei-
nes der nicht 'raus aus dem geteilten Stadium will
die Fünf erwägt und so des Schicksals Spitz' erreicht
da formte das Gewürm den divergenten Zweig
wo Orang und Gorill in Blüte stehen werden
vorausgesetzt daß sich ein Ozeanier

der pentagonischen Magie von hinten zeigt
in der der Seestern und der -igel sich verzweigt
Und dann der Eichelwurm er hat kein schönes Maul
ein blinder Schwanz verdeckt die schlaffe
Konstruktion
er bringt ans Tageslicht 'ne schlangenhafte Blutwurst
und Exkrementation mit Jodoformgeruch
Wie jedes Pflanzliche ein Zellulosekörper
wie irgendeine Brut vanadiöses Blut
Marseiller Manteltier Seescheid' in Kolonien
der Embryon Architekt der seine Saite spürt
versagt sich ein Projekt das ihn luzid geführt
zum Zweifuß der sich reckt als Kosmogonenbarde
doch auf die Kindheit des Unförmigen verweisend
verdaut er dann sein Mark wird wieder waffenlos
Und wenn ein anderer mit Recht den Wirbel trägt
so wird er eine Zeitlang schlecht bewaffnet sein
noch ohne Aug' und Ohr nicht wenig dissymmetrisch
schräg eingeschlagen in die weichen Feinsandböden
das Tierchen weiß noch nicht als anatomsche
Schleuder
daß mehr aus ihm entsteht als eine weiße Drossel
dem Menschen intressant mit deskriptivem Sinn
auf dessen Märkt' gebannt die Allesfresserei
warum nicht die Lampret' mit trockener Viol'
und nicht der Panzerfisch den der Amoyer frißt
am Bachgestad' entlang mit Rute oder Kescher
mit Leine oder Netz den Ozean zerreißend
der Fischer Wirbeltier heuristischen Humors
er bringt die armen Fisch' an das Skalpell der Küchen
der Angel rotes Tuch zerfetzt den Wasserfrosch
im Sumpfe wo die Qual der Krötenbrut verstummt
in den Kaminen die von Kohl und Blauholz brausen
da sieht man wie er hüpft der Feuersalamander
nur um die Waffen des Geschirrs zu illustrieren
Hier sind die ersten mitteilsamen Wirbeltiere

ihr Bild bewahrt man auf in seelenvollen Skizzen
vielmehr in Düsternis des fahlen Staubes der
in bleiernen Museen die Kieselsteine pudert
Man hat (das ist der Mensch) Geschmack am
Diplodokus
dem ewigen Idiot' und auch am Plesiosaurus
am Bronto Ichthyo am Stego und am Mosa
an der Reptilität die man despotisch nennt
und man (das ist der Mensch) weiß nicht (nicht sehr
genau)
ob diese Knochenbrut auch wirklich blöken konnte
ob sie aufs neu belebt das anatomische
und Saurierhirngespinst des Menschen präsentiert
der sich die Zeit verpocht die Uhr in seiner Hand
und im Begriffespiel das Volk der Bestien
ins Netzwerk senken wird der Klassifikationen
Man sieht schon wie er fühlt daß seine Brüste treiben
man sieht schon wie er fühlt daß seine Flügel treiben
man sieht schon wie er fühlt daß sein Gehirn
gewachsen
man sieht schon wie er fühlt daß sein Geweb'
gewachsen
das Man das ist der Mensch bin ich mein Großpapa
die neotensche Frucht mit frühgereiftem Sex
und der sich rüstete als sekundäres Huhn
der Vogel er verlor die Zähne für den Schnabel
und Flügel wuchsen ihm für flügelige Flüge
Adler und Nachtigall sie lieferten Metaphern
Ibis und Pelikan die wunderschönen Bilder
der Dodo und die Dront' dramatische Ideen
Vier Füße mußte sich das Schnabeltier erringen
dem Menschen konnte sonst das Humpeln nicht
gelingen
und bei dem Beuteltier da war ein Sack vonnöten
damit der Mensch als Mensch sich überzeugen konnte
und Zotten Wasserspiel Vergreisung an den Polen

genügten währenddes bei diesen Walen Dicks
ob Moby oder nicht (der Ozean ist groß)
obwohl sie keine Schulter mehr das Leid zu tragen
Kolosse oft behindert Hintern oft beschossen
zu Tausenden durchbohrt von nordischen Harpunen
im Meere Flaschen sind und Schläuche große Senten
quer durch den schwarzen Schaum der See
hinausgeworfen
befördern einen Brief in Riesenschrift geschrieben
als Anschein seines Seins durch die Humanität
im Wasserkessel des Atlantikpazifik
der Pferdeapfelpist' viel näher an den Mans
mit wenig Pfoten kahl Gesellige Jongleure
beklätschten sich so wie es auch die Amateure
die jeden Augenblick von Heringsgaben leben
das Kälbchen weit entfernt von Seife oder Salz
das in der Abtrift schmilzt braucht nichts vom
Meeressein
um seinen Saft zu weihn den Menschenfresserein
fad ist die Kalbfleischplatt' fad ist das Fell des Schafs
fad ist die Milch der Kuh die Tränen eines Rehs
die Wulst des Gürteltiers hat besseren Geschmack
der Heuschreck ist beliebt ein Anreiz dem Tamandu
die Braue steht zu Berg ein Hoch dem Stachelschwein
der Kneifer wächst und hängt Geschenk des
Erdenmaulwurfs
Und in den Häusern drauß' da gibt es Schreinersleut
am Ufersaum des Bachs gibt's Fischersleut' in Stiefeln
die Biber Maurersleut' sie bauen einen Damm
und überschwemmn das Dorf fürs Licht und für die
Tram
Ihr Bruder Wanderratt' Bezwinger der Mongolen
nagt sich den Pestkanal das Wasserabflußrohr
und seine Schwester gar ganz weiß und ganz japanisch
hat einen trägen Hang zur Plattheit der gelegen
die Nase eines Geometers zu erregen

Ein Mechanismus führt den menstruellen Traum
von umgekehrten Starts die laute Schreie leiten
bedeckt mit Moleskin hoch in den Lüften mit
Die lilienförmge Pfot' aus Bärenpolsterkisssen
Fünfmutterpflanze aus extremen Phenacoden
sie schrumpft zur Einheit ein für den olympschen Lauf
der galoppierende Athlet ein Pferdeschatten
bringt sich zustand' im Spiel der abgezehrten Finger
Er stemmt Gewichte hoch und streckt die Hauer vor
das allerstärkste Tier ist wahrlich vorsintflutlich
jedoch der Sportler hat nicht immer lange Zähne
der Mensch verzettelt sich in diesen Schachtelungen
's sind Knochen hinterlegt in dumpfen Musensälen
doch ohne Vorwort für das Boxen und das Rudern
Was sollt' der Köhler tun Sohn des Rhinozeros
der Bischof Nilpferd und der Küster Lophiodon
Wird mit dem wilden Tier erneut zurückgenommen
der Katze der Concierge dem Hund des
Fleischermeisters
Wenn sie die Trommel rührn dann könnten Tiger
Puma
ganz streng genommen als zu menschenfreundlich
gelten
jedoch nur dann wenn nicht die Wampe Blut
geschlürft
Er ist vorbeigeeilt zu rasch am Machaerodus
und hat nicht den Halunk' den Dux zurückgelassen
er hat auch viel zu rasch die Löwenmähn' gekräuselt
um aufzugeben drauf die Leidenschaft der Litzen
er hat auch viel zu rasch das Pantherfell geglättet
er liebt bei Tag und Nacht die Militärmusik
Als Faultier schläft er ein erwacht als Nagehörnchen
entsteht als Maki und entpuppt sich als Lemur
Gespenst mit Bronzeblick Eiweiß im Untersatz
ein kleines Amokbild ein Rausch in Sympathie
du düstrer Bruder aus den Wäldern von Malaien

Nach dir der Seidenaff' der riesige Gorill
der brave Pavian der feine Babuin
der zarte Rollschwanz und der kräftige Mandrill
sie spielen das Prälüd zur menschlichen Geschichte

SECHSTER
UND LETZTER GESANG

Der Affe ward zum Menschen ohne Kraftentfalten
der hat ein wenig später das Atom gespalten
Ein ausgeholzter Zweig   Maschinenprotozoon
geborstner Kiesel   Werkzeuginfusorie
Das Wasser treibt das Holz das zwischen Ufern fließt
und aus dem Wolkenleib schlägt ein geröstet Feuer
im Schoß der Berge liegt schon eine kleine Hütte
zuweilen fällt ein Schwein ins Innre eines Strauchs
Und alles was sich zeigt besitzt die Farb' der Wurzel
Das ist das Samenkorn noch herb und unbeholfen
Das Rentier das sich an der Rind' des Baumes kratzt
kennt nicht den Schaber den sein Leder dulden muß
Der Orang der aus Kot sich ein Geschoß verspricht
weiß nicht daß eine Kugel mit ihm fertig wird
Der unbehaune Stein schläft tatlos unbesorgt
brüht unter trocknem Arsch die Möglichkeiten aus
Die Hölzersäbel für die Nachwelt sind gepflanzt
sie schlagen nicht mehr aus doch auf die Schädel sich
arglos und ohne Falsch dazu anthropologisch
Schluß mit dem ohne Haar Schluß mit dem
Schneckenesser
dem Ackerschneckenfreund dem Austernnimmersatt
der nach Garnelen jagt nach Mies- und
Speisemuscheln
und auch nach Champignons wenn es geregnet hat
Schluß mit dem Fötus jetzt der fähig schon zum Manne

und der frohlockt in Glut der frühgereiften Nille
ein Linsenspalter und bizarrer Amateur
mit infantiler Lust den Weltraum zu erforschen
daß dieser Pfahl und daß dies Nichts und dieser Stein
nun endlich ihre Laufbahn feierlich beginnen
so wie voran sich trieb der Knorpel der Kristalle
Unter der Rinde ist ein Bauch über der Krone
das blaue Häutchen wo die Wetterwolke schweift
jedoch der Bauch grollt auf und das Gewitter zickzackt
mit seinem Grund auf dem die Lava quabbelt zieht
ein Baum die Schärfe an des Blitzes der ihn lichtet
verweilt mit seinem Haupt bei der und jener Spitze
das ist das Feuerzeug der Berge Glanz der Stürme
der Spieß verstärkt sich und der Kieselstein zerschellt
der Mensch kann künftiglich sein Ebenbild verzehren
der gutgebratne Nächste ist ein Menschenschmaus
doch töten muß man sie die komestiblen andern
der allererste Pfeil kehrt um zu seiner Scheibe
bolzt einen Bolzen aus und hämmert einen Hammer
schon hat die Logik ihr Gesicht hervorgestreckt
und schon gebiert das Gerbermesser sein Geschlecht
den Schaber und den Kamm und die
Gesundheitspflege
die Nagelfeile und die Reibe für den Käse
das rauhe Sandpapier zum schmeichlerischen
Kratzfuß
Im kleinen Holzstück hat die Axt ihr Loch gefunden
die Binde der Lian' begründet ihren Schwung
Ein Holzstück freut sich seines Loses auf dem Strome
sucht sich Gefährten aus damit ein Floß es binde
der Balken fließt an der Tangente des Mäanders
und hält dem Himmel hin ein ausgehöhltes Nest
Die Bäch' nichts anderes als Wege sind die wandern
die ausgetretne Pist' sie kahlt die Flechten aus
quer durch das Dickicht hin und dicht durch
Lichtungen

ein wiederholter Schritt entwirft den Strich der Hunde
Ein hingestürzter Baum ein ausgehöhlter Fels
sie sind die Ahnenschaft für Bahnhöf' und Kioske
man muß die Höhle an den Tag zu ziehen wissen
Tonsur des Hauptes wirft die Rauchwolk' auf zum Himmel
das Maueraug' wenn's existiert hat Müh' zu blinzeln
allein der Mund verschlingt das Licht in großen Strahlen
zum Hüttenembryon zum Immobiliensamen
Im Hause ohne Dach in Ohnmacht stürzt das Wild
ob niedres oder hoh's ob Häsin oder Bär
und die Reflexmaschin' sie wächst an Reflexion
hinvegetieren wird sie bis zur Mausefalle
verleiht dem Lehm nur animalische Gestalt
um weich und rund auf ihm die Träne zu bezwecken
verflochten in sich selbst senkt sich das Pflanzennetz
hinab zum Korbe und hinab zum Reiserock
und auf dem Runzelschenkel eines alten Weibes
erfuhr die drehnde Spindel ihre Erstgeburt
Die Achse hat sich durch den Bast hindurchgefunden
am schrägen Ende dann spannt sie und schließt den Bogen
als Sieger faßt er sich in seinem Umfang ein
und Lahme demzufolg' beginnen mit dem Rollen
wenn sie ein Zweifuß stößt wenn sie ein Einhuf zieht
noch ist das Räderwerk nicht automobilistisch
ein einziges genügt damit auf einer Spule
ein Faden wurmgeformt als Ton zusammenrollt
und auf der Töpferscheib' reckt sich mit offner Schnut'
der Pott auf der das Glas und den das Wasser suchte
er zeugt das Kochgeschirr die Schale und die Kanne
er streckt sich zur Amphor' und er zerfällt zur Scherbe
entsteht als Bettelschal' als Schwärenschaber wieder
vergoldet in der Sonn' zuweilen seinen Schmelz
und mergelt seine Erd' im Ofenfeuer aus

er firnißt seinen Hals die Weite seiner Formen
im siechen Grau in Grau in inkubierten Spektren
vom Schatten Terra di Siena bis Smaragd
vom Ocker Kobalt bis zum Lapislazuli
unter der Rinde blühn die Feuerbäume auf
sie sprengend wachsen sie gediegen oder glänzend
gewichtiges Metall entpuppt als Hippe sich
Ersatz des Steines und Trompetenmaterial
Grundstoff des Dolches und des Kris des
Schädelspalters
Grundstoff des Messers und der Pflugschar und des
Dächsels
es hat als Kinderschar der dreimal stärkste Hebel
die Winde und den Haspel und das Wasserrad
den Spaten und den Pflug dazu die Press' zum Pressen
die Karre nützliches Gefährt nicht zu vergessen
als österlichen Wink den Abfall auszuleeren
die Klinke und das Schloß der Riegel und der Schlüssel
sie sperrn die Wohnung zu die als Gefäß geschaffen
ein ruhiges Gewicht äquilibriert am Armend'
ein andres schwingt ein Zifferblatt für alle Gleichen
gibt dem Verdruß die Zahl und gibt dem Fettleib
Zeichen
doch rundzudrehen ohne fremde Antriebskraft
kommt der Mechanik vor als törichtes Bemühn
um Schritt zu halten stets zum Gleich- und
Wechselschritt
um das zu bleiben was sie ist um fortzutanzen
erwirbt in einem Akt sie ein Organenbündel
den Antriebsriemen und die Kurbel und Pedale
Sperrklinke Schwungrad und die Schraube und Spirale
hier sind nun Leber Herz und hier ist das Gehirn
hier sind Hormone Drüs' der Muskel und der Nerv
Atom bis zum Kristall Bazillus bis zum Hirschen
die Alge zur Hortens' der Frühmensch bis zum Rad
es rundet jedes Reich sein lückenloses Rennen

Und in den Grund des Meers der Anker pflanzt die
Tatzen
es setzt das Glas in Brand die nazireme Flotte
die Kette und der Zahn die Reibung und Verzahnung
ein menschlich Mimikry verleihn dem Automaten
'ne Mücke fliegt davon oder 'ne Ente kackt
die Götter beugen ist die Kinderzeit der Kunst
Taxi Taxi Taxi Fußvolk zähl deine Schritte
Dem Sklaven der sich plackt entgeht es so wie ihm
daß sich die Kugel ihr Vermögen vorbehält
die Blumen ohne Bien' sie wären unfruchtbar
ohn' Menschen die Maschin' sie käme niemals klar
der finstre Römer und der finstere Barbar
sie fühlen nicht die Welt die nach dem Ruhme stellt
aus Bolzen eine Welt aus Rollen Riemenscheiben
aus Pleuelstangen und aus Ritzeln Hebeln Muttern
zur Zeit des Jesuskinds forscht der Getriebekasten
nach einem Menschenhirn damit es ihn befruchte
im frühen Ostrom und im späten Mittelalter
war nur die Kupplung die ein wenig Geist besaß
Das innre Räderwerk mit Diffrentialgetriebe
als Folge epizykloidischer Getriebe
sieht seine Pferdeahnen kurzerhand mutieren
und freut sich dieser ökonomischen Geburt
des Schulterkummets und des eisernen Beschlags
Die Flügel des Gigants sie fangen an zu wandern
durchlaufen alle Rhumbs von einem Pol zum andern
das Wasser eilt zur Mühl' zu schroten und zu stoßen
zerquetschen reiben und zu sägen stampfen hämmern
damit das Kohlenloch damit der Ackerpflug
dem aufgegangenen Geschlechte Nahrung geben
Kanonenpulver Kerz' und die genannte Uhr
und Hinterstevensteur und Brill' und Kartenspiel
die Scheibe und der Kompaß und die Druckerkunst
befeuern das Genie des Menschen als Schmarotzer
Das Wasser kocht im Topf und in der Dunkelkammer

das Eis es duldet nicht das Salz aus der Natur
zwei Kugeln sind ein Ring unter der Doppelkling'
die monogamen Ozoide voltigieren
Aus auvergnatem Stamm gewissen andren Samen
der Omnibus die schnelle Schiebekarre kamen
der Rechenschieber der noch etwas flegelhaft
die Nase rümpfte man der Steuer wegen sehr
fiel in der Normandie über den Zehnten her
ein Vater Präsident ein mathematscher Sohn
dies Klima hatte bald Verwicklungen zum Lohn
vortrefflicher zu rechnen als die letzten Wilden
gedulden mußten sich die Wesen dieser Zeit
um sich so dürftiglich wie möglich zu entnerven
Mioul' Djenni verschmäht' die Rechenschieberenkel
er saugt das ganze Blut mit einem Weberschiff
der kleinen Sklaven auf der Säugetiereprinzen
Es fallen in die Flut und fallen in die Lüfte
nicht mehr die Gänse und nicht mehr die Robben ein
der Chinadrache und auch das Mongolenbanner
entfalten plötzlich sich und werden Luftballon
und aufgepumpt mit Dampf die Schenkel eines Schiffs
sie runden sich bevor sie sich zur Schraube flechten
Erwählte Lehrer ziehn dem Frosch die Elektriz-
ität aus seinem Bein galvanisiern im Blitz
indessen Arme von der Höhe Saint-Sulpice
drahtlose Gerüchte und Latrinen rundum werfen
die Wellen geben der Mechanik ihre Nerven
die der Belichtung klapsen in das Objektiv
brüskiern die Malmanier in dem Erkennungsakt
Die Pumpe schnappt nach Luft und auf den Doppelschienen
erhebt Hipparion sich der Dampfeinhufer selber
streut wilde Kohlenglut ins Augenlicht der Kälber
holt Reisende heran von einem Punkt zum andern
Das also sind die Pilznationen der Fabriken
die Kryptogamia die Proliferation

Turbinen und Motorn die Hinterlist im Kindbett
dazu die unbefleckte Zeugung der Maschinen
von der Idee bepflanzt von der Aktion entbunden
Die Kohle füllt sich mit den Regenbogenfarben
um mit der Abstraktion die ganze Welt zu nähren
die aber fräst und walzt und nietet feilt und dreht
um haufenweis reale Dinge zu gebären
den Schraubenzieher und die Öse und die Zange
das Auto und das Fahrrad und die Eisenwar'
den Wagen und das Unterseeboot und den Akku
das ganze Zubehör und das Filtriergerät
das Bügeleisen und dazu den Ventilator
den Korkenzieher die Granate und den Bulldoz
den Bagger den Revolver und den Heizungsofen
das Radio die Waschmaschine und den Kühlschrank
das Kroppzeug ohne End' der wirtschaftlichen Ränke
Transportgeräte und das Küchenzubehör
die Tüftlerkniffelein die große Industrie
Es öffnen vom Selen sich Aug' und Tür desgleichen
es seufzt das Thermostat sobald die Grade weichen
im Kasten das Getrieb' hat Unternehmungsgeist
die zwei Schildkröten die durch Anzugskräfte rollen
sie gehn und kommen auch durch Rückstoßkräfte her
die Rechensaurier sie gleiten ausgeglichen
zerstören Logarithmentafeln Bretter Regeln
Die Mütter Lesmaschinen die binären Väter
und mit dem Adlerblick der Elektronenonkel
bewundern ganz bestürzt die schüchternen Athleten
die in die Pfanne haun die sämtlichen Rekorde
der Zweigefußten der trotz allem zählt und spricht
der pflegt und pflegt   Und pflegt die Rechensaurier
des Zweigefußte der trotz allem zählt und spricht
der pflegt und pflegt   Und pflegt die Rechensaurier
der Zweigefußte der trotz allem zählt und spricht
der zählt und spricht und pflegt der pflegt und spricht
und zählt

der zählt und zählt und zählt und zählt und zählt und
zählt
der pflegt und pflegt und pflegt und pflegt und pflegt
und pflegt
der spricht und spricht und spricht der Rechensaurier
der spricht

BIO-BIBLIOGRAPHIE

Raymond Queneau, am 21. 2. 1903 in Le Havre geboren, studierte Philosophie an der Sorbonne. Nach dem Militärdienst arbeitete er in verschiedenen Berufen. So war er in den zwanziger Jahren eine Zeitlang Bankangestellter im Comptoir National d'Escompte, nachdem er sich zuvor als Vertreter für Papiertaschentücher mehr schlecht als recht durch Kantinen und billige Restaurants geschlagen hatte. 1954 übernahm Queneau die Leitung der »Encyclopédie de la Pléiade« und war bis zu seinem Tode 1976 Cheflektor des Verlags Gallimard in Paris.

Romane: Le Chiendent, 1933 (dt. *Der Hundezahn,* 1972); *Gueule de pierre,* 1934; *Les derniers jours,* 1936 (dt. *Die kleinen Geschäfte des Monsieur Brabbant,* 1977); *Odile,* 1937 (dt. *Odile,* 1973); *Les enfants du limon,* 1938; *Un rude hiver,* 1939 (dt. *Ein Winter in Le Havre,* 1975); *Les temps mêlés,* 1941; *Pierrot mon ami,* 1942 (dt. *Mein Freund Pierrot,* 1950); *Loin de Rueil,* 1945 (dt. *Die Haut der Träume*); *Saint Glinglin,* 1948 (dt. *Heiliger Bimbam,* 1965); *Le dimanche de la vie,* 1952 (dt. *Sonntag des Lebens,* 1968); *Zazie dans le métro,* 1959 (dt. *Zazie in der Metro,* 1960); *Oeuvres complètes de Sally Mara,* 2 Bde., 1962 (dt. *Intimes Tagebuch der Sally Mara, Man ist immer gut zu den Frauen,* 1963); *Les fleurs bleues,* 1965 (dt. *Die blauen Blumen,* 1966); *Courir les rues,* 1967; *Le vol d'Icare,* 1968 (dt. *Der Flug des Ikarus,* 1969); *Lyrik: Chêne et chien,* 1937; *Les Ziaux,* 1943; *Bucoliques,* 1947; *L'instant fatal,* 1948; *Petite cosmogonie portative,* 1950, (dt. *Taschenkosmogonie,* 1963); *Si tu t'imagines,* 1951; *Le chien à la mandoline,* 1958; *Cent mille millards de poèmes,* 1961; *Essays und sonstige Prosa: Exercices de style,* 1947 (dt. *Stilübungen Autobus S,* 1961); *Introduction à la lecture de Hegel,* 1947; *Introduction à Bouvard et Pécuchet,* 1947; *A la limité de la forêt,* 1947; *Bâtons, Chiffres et lettres,* 1950; Bords, 1963 (dt. *Mathematik von morgen,* 1967).

INHALT

DRITTER GESANG 31

Zurück zu den einfachen Körpern. Das Eisen, das Kupfer, das Chlor und das Natrium sind zuerst zitiert (1–6)
Die festen Körper sind, eine Kugel bildend, dargestellt, jeder nimmt davon einen Abschnitt, proportional zu seinem Belang, ein (7–13), von den gasförmigen umgeben (14–33), und von dem flüssigen begossen (33–36), dem Brom (36–41), dem Gallium (42–44), dem Merkurium (45–62)
Hermes (63–71)
Der Autor bittet den Gott, dem Leser den allgemeinen Sinn dieses Gedichtes zu erklären (72–98)
Prosopopöie des Hermes (99–137)
Dank des Autors (137–153)
Die Aufzählung der einfachen Körper beginnt wieder: das Lithium (150–153)
Parenthese: die ideale Sphäre der Körper (160–163)
Das Beryllium (154–159)
Das Bor (160–161)
Der Kohlenstoff (162–170)
Nun kommt das Silizium infolge der Vierwertigkeit (171–179)
Das Aluminium (180–181)
Das Kalzium (182)
Das Natrium (183)
Das Kalium (184–188)
Das Magnesium (189)
Das Titanium (190–195)
Der Phosphor (196)
Der Schwefel (197–199)
Das Skandium (200–217)
Die Aufzählung hört bei diesem einundzwanzigsten Körper auf (217–218)